I0059134

UNIVERSITÉ DE FRANCE.

FACULTÉ DE DROIT DE STRASBOURG.

ACTE PUBLIC
SUR L'ADOPTION,
LES ARBITRAGES

ET

LES DROITS DES CRÉANCIERS HYPOTHÉCAIRES

SUR LES BIENS DU FAILLI,

SOUTENU LE LUNDI 11 AVRIL 1836,

POUR OBTENIR LE GRADE DE LICENCIÉ EN DROIT,

PAR

G. M. J. L. DE COLBÉRY,

DE COBLENCE (PRUSSE),

BACHELIER ÈS-LETTRES ET EN DROIT.

———— ◦❀◦ ————

STRASBOURG,

IMPRIMERIE DE G. SILBERMANN, PLACE SAINT-THOMAS, No 3.

1836.

A mon Père
et
A ma Mère.

Amour et reconnaissance.

G. M. J. L. DE GOLBÉRY.

A M. MILLET DE CHEVERS,

PREMIER PRÉSIDENT DE LA COUR ROYALE DE COLMAR.

A MON ONCLE

PHILIPPE DE GOLBÉRY,

CONSEILLER A LA MÊME COUR.

Respect et dévoûment.

G. M. J. L. DE GOLBÉRY.

FACULTÉ DE DROIT DE STRASBOURG.

M. KERN, Doyen de la Faculté de Droit.

M. KERN, Président.

EXAMINATEURS:

MM. KERN . . . . . . ⎫
   BLOECHEL . . . . ⎬ Professeurs.
   HEPP . . . . . . ⎭
   BRIFFAULT . . . . . Professeur-suppléant.

La Faculté n'entend approuver ni désapprouver les opinions particulières au Candidat.

DROIT CIVIL.

DE L'ADOPTION.

INTRODUCTION.

Lorsque nos regards se portent en arrière vers les siècles les plus reculés, et que nous recherchons dans les lois et les usages des différens peuples qui, tour à tour, ont étendu leur domination sur les différentes parties du globe ; lorsque nous cherchons dans leurs lois et leurs coutumes des institutions qui se rapprochent des nôtres, nous en retrouvons quelques-uns qui semblent aussi anciennes que le monde. De ce nombre se trouve *l'adoption*. Il semble, en effet, que les législateurs aient toujours voulu faire entrer cette institution dans les mœurs des peuples et la régulariser par les lois qu'ils leur ont données, soit afin de consoler, par une paternité fictive, ceux à qui la nature n'avait point donné d'enfans, soit pour consoler ceux qui avaient eu le malheur de les perdre, soit même, comme nous aurons occasion de le remarquer, pour récompenser le courage.

Je vais donc, avant que d'aborder le fond de la question et de considérer l'adoption dans ses conditions, sa forme et ses conséquences, essayer de faire un abrégé rapide de l'historique de cette institution, tant à cause de l'intérêt qu'il peut offrir par lui-même,

que pour rapprocher la législation ancienne de la législation nouvelle, et mettre sous les yeux les rapports qui existent entre elles.

Déjà dans la législation des Hébreux, l'adoption était connue;
mais les details n'en sont point parvenus jusqu'à nous, et ce n'est
que dans les institutions de la Grèce que nous commençons à
en trouver des notions certaines.

Comme de nos jours, l'adoption, pour qu'elle fût valable, devait
être revêtue de la sanction de l'autorité publique. A Athènes,
elle devait se faire devant les magistrats, et celui qui avait
un fils adoptif, ne pouvait plus se marier sans la permission de
ces mêmes magistrats.

A Sparte, c'était le roi lui-même qui devait confirmer l'adoption, qui, chez les Spartiates, se trouvait au nombre des modes
usités pour la légitimation des enfans naturels.

La survenance d'enfans naturels issus d'un mariage subséquent
n'annullait point les effets de l'adoption.

Dans la législation romaine nous retrouvons deux sortes d'a-
doption : l'une appelée adoption proprement dite, qui était celle
d'un mineur que son père ou son tuteur donnait en adoption;
l'autre appelée adrogation, qui avait lieu quand on adoptait un
majeur qui n'était soumis à la puissance de personne. (*Personnæ
sui juris.*)

Nous parlerons de ces deux espèces d'adoption dans la partie
de notre thèse qui traitera du droit romain; je ferai seulement
mention ici d'une règle établie dans la république romaine, et
qui montre jusqu'à quel point était poussé l'orgueil des classes no-
bles, et l'esprit d'aristocratie chez le peuple romain, que de nos
jours on entend citer sans cesse, que l'on met toujours en avant,
et que l'on veut prendre pour modèle toutes les fois qu'il s'agit
de liberté et d'indépendance. Cette règle consistait en ce qu'un
plébéien pouvait adopter un patricien, tandis qu'un patricien ne
pouvait jamais adopter un plébéien; elle démontre combien les

patriciens étaient fiers de leurs priviléges et de la prééminence de leur caste, puisqu'ils ne voulaient que d'aucune manière un plébéien pût y participer. Et les patriciens, qu'étaient ils? si ce n'est ce qu'était en France l'aristocratie hautaine des temps où la féodalité comprimait dans sa main de fer la population qui, vraie plébéienne, se soumettait tremblante à son joug.

Chez les peuples de la Germanie, l'adoption était connue bien long-temps avant que la législation romaine y eût pénétré; et comme ces peuples belliqueux rapportaient tout à la guerre, c'était par les armes que l'adoption se faisait. Nous pouvons citer plusieurs faits à l'appui de cette assertion.

C'est ainsi que Gontram, roi de Bourgogne et d'Orléans, voulant adopter son neveu Childebert, lui dit : *J'ai mis ce javelot dans tes mains, comme signe que je t'ai donné mon royaume... Puis, se tournant vers l'assemblée : Vous voyez, dit-il, que mon fils est homme; obéissez-lui.*

Quel est celui d'entre nous qui n'a pas remarqué dans l'immortel auteur de l'esprit des lois ce passage où Théodoric, roi des Ostrogoths, voulant adopter le roi des Hérules, lui dit : « *C'est une belle chose parmi nous, de pouvoir être adopté par les armes, car les hommes courageux sont les seuls qui méritent de devenir nos enfans. Il y a une telle force dans cet acte, que celui qui en est l'objet aimera toujours mieux mourir que de souffrir quelque chose de honteux. Ainsi, par la coutume des nations, et parce que vous êtes un homme, nous vous adoptons par cette épée, ce bouclier, ces chevaux, que nous vous envoyons!* »

Un mode d'adoption qu'il faut remarquer autant par rapport à sa singularité, que parce qu'il est encore en usage aujourd'hui chez les Musulmans, c'est celui par lequel Beaudouin, frère de Godefroi de Bouillon, duc de Basse-Lorraine, fut adopté par le prince d'Edesse, qui le fit entrer sous sa chemise et le nomma

1.

son fils en le serrant dans ses bras (Michaud, *Histoire des croisades*).

Autrefois, l'adoption eut lieu en France sous les rois de la première race, mais elle paraît avoir cessé sous ceux de la seconde, du moins sous Charlemagne, car il n'en n'est point fait mention dans ses capitulaires. Cependant il existe une capitulaire du roi Dagobert, qui dit *que tout homme qui n'aura pas d'enfans, pourra, avec la permission du monarque, adopter telle ou telle personne qu'il voudra choisir pour son héritier* (Baluze, t. Ier, p. 39). On retrouve encore une partie des mêmes dispositions dans les capitulaires de Charles-le-Chauve. *Voyez* Lindembrog, p. 1012, l. 6, n° 207.

Parmi les coutumes qui étaient en usage dans les différentes provinces de France, il y avait beaucoup de dispositions différentes; mais comme il serait trop long de les rapporter toutes, nous ne parlerons que de quelques-unes, telles que celles du Berry, du Nivernois, du Bourbonnais, de Saintonge, qui avaient conservé une espèce d'adoption nommée *affiliation*.

Dans la coutume de Saintonge, l'affiliation avait le plus de ressemblance avec l'adoption. Elle était de deux espèces : l'une gratuite, par laquelle l'affiliant adoptait un étranger gratuitement; l'autre, par laquelle l'affilié conférait et portait dans la maison de l'affiliant les biens qu'il possédait et y renonçait en faveur des enfans naturels (*Coutume de Saintonge*, art. 1er).

Les affiliations se faisaient, comme les institutions contractuelles, par contrat de mariage. Mais elles pouvaient aussi se faire par simple contrat passé devant notaire. Les individus des deux sexes pouvaient affilier.

Dans les autres coutumes, notamment celles du Bourbonnais et du Nivernois, il n'y avait pas proprement d'affiliation; c'était plutôt une espèce d'échange ou de subrogation qui avait lieu par les doubles mariages. L'effet de cet échange ou de cette subrogation était de faire participer les enfans donnés en échange dans la famille où ils entraient aux mêmes droits qu'ils auraient eus dans la maison dont ils étaient sortis, et en conséquence de les faire admettre à la succession des pères et mères adoptifs, tant aux propres qu'aux meubles et acquets, de la même manière que ceux auxquels ils sont substitués (*Coutume du Bourbonnais*, art. 265 ; *Coutume du Nivernois*, chap. 23, art. 25).

Dans l'ancienne Poméranie, l'adoption fut aussi toujours en usage, et elle subsiste encore aujourd'hui dans le royaume de Prusse.

Nous voici maintenant arrivés à une époque plus rapprochée de nous : je veux parler de l'époque de la grande révolution française, de cette époque où la société renaissant et s'élevant sur les débris de l'ancienne féodalité, sentait le besoin d'institutions nouvelles qui, quoique imparfaites encore, étaient cependant plus en harmonie avec les progrès de la civilisation.

Ce fut par son décret du 18 janvier 1792 que l'Assemblée nationale consacra le principe de l'adoption en ordonnant à son comité de comprendre dans le plan général des lois celles relatives à l'adoption.

Un an après, le 26 janvier 1793, la Convention nationale sanctionna le même principe, en adoptant, au nom de la république, la fille de Michel Lepelletier, et en chargeant le comité de législation de lui présenter très-incessamment un rapport sur les lois qui devaient organiser cette institution.

Peu de temps après, la constitution de 1793 admit, contrairement à la législation actuelle, l'adoption comme moyen d'acquérir la qualité de citoyen français.

Le 16 frimaire an III, nous voyons un décret de la Convention nationale qui, consultée par un juge de paix de Beaune, sur la légalité de scellés qu'il avait apposés après le décès d'un père adoptif pour la conservation des droits d'un mineur adopté, passa à l'ordre du jour sur la question qui lui était soumise, et autorisa tous les juges de paix à prendre cette mesure lorsque l'intérêt des enfans adoptifs leur paraîtrait l'exiger.

Tels étaient sur ce point les principes de notre législation. Ils étaient encore bien imparfaits et bien obscurs lorsque parut au faîte du pouvoir celui à qui il était réservé de donner à sa patrie des institutions fixes et durables, celui qui, nouveau Justinien, devait, après avoir relevé la France par l'éclat de ses victoires et de ses conquêtes, avoir la gloire plus douce, mais non moins éclatante, de lui donner une législation qui devait bientôt se répandre sur une grande partie de l'Europe et passer aux siècles futurs, en laissant à la postérité un monument indestructible de sa gloire et de son génie.

Voici donc le moment d'entrer dans l'examen de la législation nouvelle sur le point qui nous occupe, et c'est ce que je vais tâcher de faire en divisant mon sujet en deux parties dont la première traitera de l'adoption et de ses effets, et la seconde de ses formes.

SECTION PREMIÈRE.

DE L'ADOPTION ET DE SES EFFETS.

Lorsqu'il fut question d'introduire l'adoption comme une institution qui doit être régie par une loi faisant partie de l'ensemble de celles qui devaient composer le nouveau code, de longues et de vives discussions s'élevèrent, et les partisans du système eurent à la défendre contre les attaques d'un grand nombre d'adversaires qui ne voulaient point la voir figurer parmi nos lois, la regardant comme contraire aux mœurs et à beaucoup d'autres institutions préexistantes.

Lorsque plus tard son acceptation fut décidée, les cas dans lesquels seul on pourrait l'admettre, occasionèrent de nouvelles discussions non moins vives que les premières, parce que ses adversaires se défendaient alors dans leurs derniers retranchemens.

Un grand nombre de membres du conseil d'État, à leur tête le premier consul, ne voulaient l'admettre que comme mesure politique; ce ne devait être, selon eux, qu'une institution qui servirait à récompenser ceux qui, par leurs actions, auraient bien mérité de la patrie; le parti opposé, au contraire, ne voyait en elle qu'une institution purement civile, telle qu'elle avait toujours existé dans tous les temps. Leur opinion prévalut après de longues discussions, et elle fut enfin admise telle qu'elle est aujourd'hui, et régie par les lois qui ont rapport à l'état des personnes, et nous pouvons la définir de la manière suivante :

L'adoption est un contrat solennel revêtu de la sanction de l'autorité judiciaire, qui, sans faire sortir un majeur de sa famille, établit entre lui et son père adoptif des rapports de paternité et de filiation purement civils.

D'après cette définition, l'adoption a donc été introduite pour consoler, par une paternité fictive, ceux à qui la nature n'a point donné d'enfans. Mais par cela même qu'elle a pour but de permettre à un individu de se créer une famille, n'est-ce pas l'autoriser à ne point s'engager dans les liens du mariage, puisqu'il peut ainsi se procurer tous les avantages de la paternité, sans avoir éprouvé les embarras et les charges qu'elle impose? n'est-ce pas encourager le célibat et nuire à une institution aussi solennelle que le mariage? Au moins ne devrait-on permettre l'adoption qu'à ceux qui se sont engagés par les liens d'un mariage légitime, et dont l'union serait restée stérile : alors la loi pourrait suppléer à la nature et la fiction pourrait avoir lieu.

Ces objections sont bien faciles à repousser : d'abord il ne faut pas craindre que l'adoption nuise au mariage; l'on préférera toujours se créer une famille naturelle que d'avoir recours à l'adoption pour se faire une filiation fictive. Car la nature parle toujours, et le penchant naturel qui porte l'homme à la reproduction de son espèce en est un sûr garant. D'ailleurs il faudrait, dans l'admission du principe que l'on oppose, méconnaître tout-à-fait le sentiment si doux et si profondément gravé dans le cœur de l'homme, qui lui fait trouver tant de bonheur et de charmes dans les plaisirs qu'il trouve au milieu de la jeune famille qu'il voit croître et s'élever autour de lui et dont il peut dire avec un sentiment de tendresse et d'orgueil si naturel dans un père: Voilà *le sang de mon sang; voilà les os de mes os.*

Quant à interdire l'adoption aux célibataires, je ne vois pas pourquoi l'on frapperait ainsi d'une espèce d'interdiction des hommes que des circonstances malheureuses, des accidens imprévus, ou la faiblesse de leur santé, souvent même peut-être un dévoûment honorable qui les portait à se consacrer tout entier aux besoins de leur famille, à l'entretien et à la subsistance de laquelle ils étaient indispensables, pouvaient avoir éloigné du mariage, et ces mêmes individus, citoyens du reste fort recommandables, et ayant peut-être bien mérité de la patrie (car ne peut-il pas aussi se faire que le service dans les armées, les travaux, les fatigues de la guerre les aient empêchés de se marier?); eh bien! ces individus, dis-je, se verront refusés, par cette même patrie, la faveur de se créer une famille adoptive, lorsque arrivés au revers de la vie, ils n'auraient plus l'espoir, plus même la faculté physique, de s'en créer une naturelle. Ils ne pourraient se choisir un fils, dont les soins pourraient les consoler, les secourir dans leur vieillesse et partager leurs peines et leurs souffrances; tandis que cette faveur serait accordée à un homme encore dans la force de l'âge, qui, après quelques mois de mariage, se trouverait veuf et sans enfans; et si même cet homme n'avait pas employé si utilement sa vie, s'il n'avait usé sa jeunesse et passé son âge mûr qu'au milieu des plaisirs et des débauches, et qu'arrivé dans un âge plus avancé, il veuille réparer ses torts et répandre ses bienfaits sur un individu en l'adoptant, devrait-on lui

refuser la faveur de l'adoption? Il n'est personne qui puisse admettre une telle opinion, car en l'admettant, en interdisant l'a-
doption à l'individu dont je viens de parler, ne serait-ce pas lui
dire, comme l'a si bien observé M. BERLIER, l'orateur du gouvernement, lorsque, dans la séance du 21 ventôse an XI, il portait la
parole en faveur de l'adoption : *Tu as été inutile jusqu'à présent;
nous te condamnons à l'être toujours?*

Mais en accordant aux célibataires la faculté d'adopter, ne
doit-on pas craindre d'autoriser le concubinage? Pour trouver une
réponse à cette question, il suffira de porter ses regards sur toute
l'étendue du royaume, et l'on verra que partout la masse générale
de la population n'a de plus grand bonheur que celui de goûter,
lorsqu'elle rentre chez soi se délasser des travaux de la journée,
qu'elle n'a, dis-je, de plus grande jouissance que de goûter les plaisirs qu'on éprouve en recevant les caresses d'une épouse, de sa
jeune famille; de plus grands plaisirs que de la voir grandir sous ses
yeux, tandis qu'un petit nombre d'individus se livrent au concubinage. Et l'on ne dira pas que c'est dans l'espoir de se créer une
famille par l'adoption, car la plupart de ceux qui se livrent au
concubinage cherchent, en fuyant le mariage, à éviter la paternité et l'embarras que donnent les enfans. Ils n'iront pas ensuite de
plein gré se donner les peines et les soins qu'ils ont toujours cher-
ché à éviter. D'ailleurs, l'opinion publique (et ce n'est pas un vain
mot que celui-là, car il a plus de force que toutes les lois) assu-
rera toujours à la société conjugale la préférence sur le concubinage, préférence que l'intérêt général de la société réclame pour
le mariage, et qui démontre que le principe qui tendait à interdire l'adoption aux célibataires était fondé sur une vaine théorie.

L'adoption fut donc admise, mais il ne fallait pas en conclure
que l'on pût adopter indifféremment à tout âge, et il était essen-
tiellement nécessaire de fixer l'âge auquel il serait permis d'a-
dopter et les conditions que devraient avoir remplies ceux qui se
proposeraient d'adopter.

D'abord, comme l'adoption devait imiter la nature, il fut question de fixer l'âge auquel un individu ne pourrait plus adopter. Et l'on proposa l'âge de soixante-dix ans. Mais ne devenait-il pas ridicule d'interdire l'adoption à un âge où le mariage était encore permis? n'était-ce pas porter une atteinte à la morale publique que de déclarer, par une loi, qu'arrivé à l'âge de soixante-dix ans, un individu ne pouvait plus être père, et par suite n'était-ce pas déclarer implicitement que tous les enfans, issus du mariage lorsque l'époux aurait atteint cet âge, seraient des enfans illégitimes? Aussi la proposition que l'on avançait fut abandonnée, et l'on retrancha le maximum d'âge. Restait alors à fixer le minimum, avant lequel l'adoption ne serait point permise, et l'on admit l'âge de cinquante ans (343 du Code civ.), parce que jusqu'à cet âge l'espérance d'avoir des enfans n'est pas encore perdue. C'est aussi vers cette époque de la vie que la femme perd sa fécondité et se trouve ainsi dans l'impuissance de devenir mère. Quant à l'homme, il n'en est pas de même, quoique la plus grande partie d'entre eux, arrivés à cet âge, renoncent presque toujours au mariage; mais comme il fallait choisir un terme moyen entre les deux sexes, le législateur s'est arrêté à l'âge de cinquante ans, considérant d'ailleurs que les mariages contractés dans un âge aussi avancé, étant peu profitables à la société, nul intérêt ne porte à les provoquer; et entre les inconvéniens qu'ils peuvent présenter, il faut surtout remarquer l'impossibilité probable pour le père d'élever ses enfans et de les conduire lui-même à l'âge où ils pourront se passer de ses conseils et de sa raison.

Mais une fois que l'âge requis pour pouvoir adopter fut fixé, il restait encore à fixer l'intervalle d'âge qui devait exister entre l'adoptant et celui qu'il se proposait d'adopter. Comme l'adoption doit imiter la nature, il était tout naturel que l'adoptant fût plus âgé que l'adopté. Car, comment supposer un fils aussi âgé ou plus âgé que son père?

Dans le premier projet qui fut présenté, la fixation de l'âge devenant inutile, car l'adoptant devant avoir soixante-dix ans et l'adopté ne devant pas avoir plus de dix ans, il était évident que la différence qui devait exister entre les deux, serait de soixante ans. Dans le système proposé plus tard, mais qui fut également rejeté, l'adoptant devait avoir cinquante ans et l'adopté douze ans, la différence se trouvait être de trente-huit ans. Mais lorsque le système actuel prévalut, et que la majorité de l'adopté fut exigée, il fallut fixer d'une manière précise la différence d'âge qui devait exister entre les deux. L'on proposa d'abord de mettre une distance de dix-neuf ans entre l'adoptant et son enfant adoptif, et l'on se fondait sur le calcul de l'âge où le mariage était permis, en y ajoutant un délai relatif au temps présumé nécessaire pour obtenir des enfans du mariage. Mais si, d'après ce calcul, qui est toujours une suite de la fiction de paternité, l'intervalle entre les âges respectifs du père et de l'enfant doit être de dix-neuf ans, il paraîtrait convenable de le réduire à seize, quand l'adoption serait faite par une femme. Il aurait donc fallu fixer deux intervalles d'âge différens, selon que l'adoption aurait été faite par un homme ou par une femme. Le législateur a préféré prendre un terme moyen, et la différence d'âge entre l'adoptant et l'adopté fut fixée à quinze ans (343 du Code civ.). Mais une autre condition était encore indispensable : c'était que l'adoptant n'eût point d'enfans, ni de descendans légitimes, car le législateur ne pouvait point permettre de frustrer ces derniers de leurs droits, en laissant à leurs auteurs la faculté de leur adjoindre des enfans adoptifs qui viendraient prendre rang parmi eux et concourir avec eux à l'exercice de leurs droits (343 du Code civ.).

Comme il est contre toutes les règles de la nature qu'un individu puisse avoir plusieurs pères ou plusieurs mères, on ne pouvait non plus permettre qu'un individu fût adopté par plusieurs personnes; car, quoique l'adoption ne fût qu'une fiction, une de

2.

ses règles fondamentales était qu'elle devait se rapprocher le plus possible de la nature. Cependant, il ne faut pas induire de là que le même individu ne puisse être adopté simultanément par deux époux; car l'adopté entre dans la même famille, et il n'est pas censé avoir été adopté par deux personnes différentes. D'ailleurs, il est naturel que deux époux pussent adopter la même personne; l'exception en leur faveur était tracée par la nature même des choses et par le lien qui les unit, le mariage. Car, ne se sont-ils pas associés dans l'espoir d'avoir des enfans, que la nature leur a refusés ou que la mort leur a enlevés? Il a donc fallu les admettre à en adopter d'autres qui, remplaçant à leur égard les enfans du mariage, pussent appartenir à l'un et à l'autre des deux époux. Cette adoption peut se faire dans le même acte ou dans deux actes séparés (344 du Code civ.), parce qu'il peut se faire que l'un des époux n'adopte l'enfant adoptif de son conjoint que postérieurement, lorsqu'après avoir vécu quelque temps dans son intimité, il aura remarqué en lui des qualités qui lui auront donné des droits à son affection.

Mais toutes les fois qu'un époux voudra adopter un enfant, il ne pourra le faire qu'avec le consentement de son conjoint (344 du Code civ.); car il pourra se faire que l'adoption imposât à l'adoptant des charges qui pourraient léser les droits de son conjoint, et il ne faut pas qu'un enfant adoptif devienne un sujet de discorde dans un ménage. Au premier abord, on ne voulut point permettre l'adoption par un des époux seulement, mais la proposition qui en fut faite ne fut pas appuyée, et l'on se fonda, pour la rejeter, sur ce qu'il n'est pas rare de voir des enfans appartenant à l'un des époux et non à l'autre; ce qui a lieu dans le cas des secondes noces. Ainsi, l'adopté sera, à l'égard du conjoint de l'adoptant, dans une position analogue à celle où se trouve vis-à-vis d'un beau-père ou d'une belle-mère l'enfant issu d'un premier mariage.

Il est cependant un cas qu'il faut faire remarquer, où l'un des époux peut se passer du consentement de l'autre pour adopter un individu. C'est le cas où un tuteur officieux confère l'adoption par acte testamentaire à son pupille dans la prévoyance de son décès; pour cette adoption le consentement du conjoint est inutile, parce que l'adopté ne devant pas vivre sous le même toit et dans l'intimité de l'époux survivant, le législateur n'avait pas à redouter les inconvéniens qui pourraient résulter de l'adoption dans le cas où l'époux prédécédé serait encore vivant. Mais toutefois cette adoption, nommée testamentaire, ne doit pas blesser les droits de l'époux survivant, ni être contraire aux dispositions contenues dans leur contrat de mariage.

Il faut remarquer ici une différence qui existe entre l'adoption testamentaire et l'adoption ordinaire : c'est que la première a lieu en faveur d'un mineur, tandis que la seconde ne peut être faite qu'au profit d'un majeur, comme nous le verrons plus tard.

Mais ici se présente une question. La personne que l'on veut adopter peut être mariée; la question n'est d'aucune importance quant au mari, à qui la loi donne le pouvoir de passer toute espèce de contrat sans le consentement de sa femme; mais, *quid juris*, si c'est la femme qui doit être adoptée et que son mari lui refuse son autorisation? elle devra nécessairement avoir recours à l'art. 219 du Code civil, qui s'applique à toutes espèces de contrats, et demander l'autorisation en justice.

Une fois que la législation nouvelle eut établi l'âge que devait avoir l'adoptant et l'intervalle d'âge requis entre l'adoptant et l'adopté, il restait encore à fixer l'âge que devait avoir ce dernier.

Dans le premier projet de loi qui fut présenté, l'enfant adoptif devait cesser entièrement d'appartenir à sa famille naturelle. Il y laissait tous ses droits; en revanche, il acquérait dans la famille adoptive tous les droits de la parenté naturelle; il devenait le parent de tous les membres de la famille. Il leur succédait dans tous les degrés, et ceux-ci à leur tour acquéraient envers lui la

successiblité. Alors, pour rompre tous les liens qui existaient entre lui et sa famille naturelle, pour lui faire regarder sa nouvelle
famille comme sa famille naturelle, et le mettre à même d'avoir
pour elle cette affection si douce, qui doit régner entre les membres d'une même famille, il fallait nécessairement l'enlever dès son
enfance aux soins de ses parens naturels pour le confier aux soins
de ses parens adoptifs, et il fut proposé de fixer l'âge requis pour
pouvoir être adopté. Mais comme d'après ce système le changement de famille devait être autorisé par le corps législatif, l'adoption devenait alors une institution politique, ce qui était contraire au projet de loi. Plus tard, il fut présenté d'autres projets,
qui tendaient à fixer cet âge à douze et à quinze ans; mais ces
propositions furent également rejetées, car il fut démontré que
l'adoption ne pouvait avoir lieu avant la majorité de l'adopté. Comment, en effet, supposer qu'un mineur puisse se donner en adoption? l'adoption n'est-elle pas un contrat par lequel deux individus s'engagent irrévocablement? C'est un contrat synallagmatique
par lequel l'adopté se donne volontairement à l'adoptant, et qui
ne peut avoir de validité qu'autant que les deux partis sont ca-
pables de contracter; et la minorité de l'adopté ne serait-elle pas
une incapacité prononcée par la loi (1124 du Code civ.). Ainsi, par-
venu à l'âge de sa majorité, l'adopté pourrait demander la nullité
de son adoption, qui doit être irrévocable par sa nature.

D'un autre côté, le législateur a craint que la morale publique
ne souffrît en admettant l'adoption des mineurs, et il a voulu pré-
venir le cas où des individus, cachant sous le masque de la bien-
faisance des vues illicites, pourraient adopter des mineurs et pro-
fiter de leur inexpérience et de l'ascendant que leur donnerait
sur eux le titre de père, pour chercher à les conduire à partager
leurs desseins honteux. Mais ce motif n'était pas péremptoire, car
la loi exigeant le consentement des parens de l'adopté pour valider
l'adoption (346), on pouvait s'en rapporter à leur tendresse pour

être persuadé qu'ils ne donneront pas leurs enfans à des individus avec lesquels leur vertu et leur morale pourraient se trouver en danger.

Mais il y avait encore un autre écueil à éviter: c'était de permettre trop légèrement l'adoption; il fallait faire en sorte qu'elle ne pût jamais être le fruit d'un caprice ou de la volonté d'un moment, et éviter ainsi les regrets que pourraient se préparer pour la suite l'un ou l'autre des contractans, ou peut-être même tous les deux.

Ainsi, le législateur a exigé que celui qui se propose d'adopter un individu lui eût donné, pendant sa minorité et pendant six ans au moins, des soins non interrompus (345). Le but de cette disposition est de s'assurer que celui qui demande à la loi de lui conférer le titre de père, en ait déjà les sentimens; et la preuve de ces sentimens ne peut résulter que des secours, des soins non interrompus, accordés, pendant six ans au moins de sa minorité, à celui dont on veut être père adoptif. En effet, pour éprouver pour un individu des sentimens de père, il faut l'avoir connu jeune; on les accorde d'abord, ces sentimens, à la faiblesse, à l'aimable candeur de l'enfance; ils se perpétuent et se fortifient dans un âge plus avancé. C'est alors que l'habitude des soins donnés et reçus forme pour ainsi dire une seconde nature; l'amour paternel se forme par les bienfaits, et la piété filiale par la reconnaissance. Ainsi naît cette espèce de lien par lequel le fils et le père adoptifs croient mutuellement s'appartenir.

D'un autre côté, le législateur ayant vu dans l'adoption le moyen de récompenser un service et de témoigner sa reconnaissance par un bienfait, par exemple dans le cas où un individu aurait sauvé la vie à un autre, soit en le retirant des flots, soit en l'enlevant du milieu des flammes, ou bien encore en le défendant dans un combat; il a voulu permettre, dans ces cas, de déroger aux règles générales de l'adoption, et l'on a introduit l'adoption rémunératoire.

Les conditions en sont moins rigoureuses, parce que l'on est as-
suré, par le seul effet de la reconnaissance, des sentimens que l'a-
doptant conservera toujours pour celui qui lui a sauvé la vie; mais
il faut restreindre aux trois cas cités les circonstances où l'adoption rémunératoire est admise, ou du moins si l'on veut, par in-
terprétation et application de la règle, *ubi est eadem ratio, idem
jus*, étendre la faculté d'adopter, par exemple celui où l'adoptant
aurait été sauvé des fureurs d'une bête féroce, qu'il eût été retiré
des décombres, d'un éboulement, etc., il faudra toujours que l'a-
dopté ait lui-même couru quelques dangers pour sauver celui qui
voudra l'adopter.

Il faut reconnaître ici la sagesse du législateur qui a voulu permettre à l'homme de témoigner sa reconnaissance à celui qui lui a
sauvé la vie, et l'on a rejeté toutes espèces d'entraves, sans cependant oublier le principe que l'adoptant devait être majeur, ne pas
avoir d'enfans et être plus âgé que l'adopté (345 du Code civ.). Ainsi,
par exemple, quoiqu'il n'ait que vingt-cinq ans, la loi n'exige pas
que l'adoptant requière le consentement de ses parens pour adopter, consentement qui lui serait indispensable pour le mariage.

Il pourra adopter parce qu'il est majeur; il n'aura pas besoin
d'avoir atteint sa cinquantième année et qu'il y ait quinze ans d'intervalle entre lui et le fils adoptif; mais, dans tous les cas, l'adoption ne
pourra avoir lieu qu'après la majorité de l'adopté; car quelle que
soit la source de l'adoption, elle n'en est pas moins un contrat. Et
tout contrat exige, pour sa validité, la majorité des deux parties
contractantes.

Quant à l'adopté, il a toujours besoin du consentement de ses
père et mère ou de ses ascendans, en cas de prédécès des premiers,
pour se donner en adoption lorsqu'il n'a pas accompli sa vingt-
cinquième année, et s'il est majeur de vingt-cinq ans, la loi exige
qu'il requière encore le conseil de ses parens.

On a suivi la même règle que pour le mariage (346 Code civ.); car l'adopté aliène pour ainsi dire sa personne de sa famille naturelle pour entrer dans une famille étrangère dont il va prendre le nom pour l'ajouter au sien (art. 347), et c'est un acte d'une telle importance qu'il est de toute justice qu'il ne puisse le faire sans le consentement de ses parens naturels.

Remarquons ici la différence qui existe entre le mariage et l'adoption. Dans le mariage, le consentement du père suffit, tandis que dans l'adoption il faut celui du père et de la mère. Mais le législateur n'a pas dû accorder à l'adoption la même faveur qu'au mariage, qui est une institution qui intéresse si vivement la société tout entière.

Majeur de vingt-cinq ans, celui qui veut se donner en adoption est encore obligé de requérir le conseil de ses parens; et si ceux-ci ne jugent pas convenable de le lui donner, ils prennent près des tribunaux toutes les mesures nécessaires pour l'intérêt de leur enfant, et assurer son avenir qui pourrait se trouver compromis par l'adoption.

De ce que la loi permet à tout individu, quel que soit d'ailleurs son sexe, pourvu qu'il n'ait pas d'enfans légitimes et qu'il ait cinquante ans, d'adopter tel ou tel individu majeur, pourvu que ce dernier ait le consentement de ses parens et qu'il ait reçu des soins non interrompus pendant six ans de sa minorité, en résultera-t-il qu'un individu pourra adopter son enfant naturel, à l'égard duquel il aura rempli toutes ces conditions? La question se présente sous deux points de vue différens : ou l'enfant naturel aura été reconnu ou il ne l'aura pas été.

Dans le dernier cas, si l'enfant naturel n'a pas été reconnu, l'adoption ne souffre aucune difficulté; car la recherche de la paternité étant interdite, nul ne peut vouloir prouver à l'adoptant que celui qu'il se propose d'adopter est son enfant naturel.

Quant au premier cas, la question présente plus de difficultés, et l'opinion des jurisconsultes est très-partagée. C'est dans les dis-

3

cussions du conseil d'État que je me propose de rechercher les motifs sur lesquels se fonde mon opinion, qui est que l'adoption des enfans naturels reconnus doit être admise.

Il fut d'abord question de ne permettre l'adoption des enfans naturels qu'aux hommes mariés, et seulement pour les enfans qu'ils auraient eus avant le mariage. Cette proposition fut rejetée et fut remplacée par le projet de n'admettre que les enfans naturels non reconnus. Mais cette seconde proposition tomba d'elle-même; car sa disposition pouvait trop évidemment compromettre l'état des enfans naturels, puisqu'il pourrait arriver que pour se ménager la faculté de les adopter plus tard, leur père différât de les reconnaître, et que cependant il mourût sans les avoir ni adoptés ni reconnus: d'où il arriverait que bien des malheureux se trouveraient par là privés de toutes ressources. L'on pourrait objecter l'intérêt des héritiers légitimes; mais l'intérêt des enfans légitimes est à couvert, puisque l'adoption n'est permise qu'à ceux qui n'ont point de descendans légitimes. L'intérêt des collatéraux est respecté autant qu'il peut l'être, puisque les effets de l'adoption ne doivent pas s'étendre au-delà de l'adoptant et de l'adopté, ni donner à ce dernier le droit de parenté collatérale; si, dans les successions, on a préféré les collatéraux aux enfans naturels, c'est dans l'intérêt du mariage, qui ne permettait pas de donner à ces derniers le titre d'héritiers, mais non dans l'intérêt des collatéraux eux-mêmes.

D'ailleurs, dans la séance du 14 frimaire an XI, le conseil d'État rejeta, comme contraire aux bases larges sur lesquelles on voulait asseoir l'adoption, un article ainsi conçu: « *Celui qui aura reconnu un enfant naturel, né hors le mariage, dans les formes voulues par la loi, ne peut ni l'adopter ni lui conférer d'autres droits que ceux résultant de cette reconnaissance.* »

Plus tard, plusieurs jurisconsultes distingués revinrent encore sur ce sujet; mais leur avis ne prévalut point, et il fut décidé que le nouveau Code ne ferait pas mention de cette interdiction : ce qui prouve évidemment que l'intention du législateur n'était point de l'admettre.

Les motifs de cette décision sont fondés sur la morale. En effet, la mère d'un enfant naturel, reconnu, peut être venue à mourir, et ainsi avoir rendu impossible la légitimation par mariage subséquent. Elle peut encore avoir dévié du sentier de la vertu et avoir élevé un obstacle moral à la légitimation. Le père, mu par les sentimens que la nature imprime à tous les êtres animés, pressé par le besoin de réparer, en tant qu'il est en lui, les vices d'une naissance qui est une conséquence de son fait, doit pouvoir adopter (et il le peut, selon moi) celui qui lui doit le jour, et ainsi lui faire occuper dans la société, pour ce qui le concerne, la place d'enfant légitime.

Après tout, n'est-ce pas ici le cas d'observer ce principe de droit : *que la règle qui ne permet pas de distinguer où la loi ne distingue pas, et celle qui permet ce que la loi ne défend pas,* ont été particulièrement suivies dans la matière de ce titre, et qu'elles ont été appliquées à la faculté d'adopter les enfans naturels reconnus.

Mais un Français pourra-t-il adopter un étranger? Cette question a été long-temps débattue, et la jurisprudence est fixée aujourd'hui sur ce point. Car il est de principe qu'un étranger ne peut jouir en France des droits civils qu'autant qu'il y est autorisé par une loi ou que des traités passés avec la nation dont il fait partie le permettent ; ce principe ne distingue pas entre les différentes espèces de droits civils ; il statue, au contraire, sur tous en général, et la faculté soit d'adopter, soit de se donner en adoption, est évidemment un acte qui rentre dans les droits civils. Car l'adoption est un acte solennel qui établit entre l'adoptant et l'adopté des rapports de paternité et de filiation, qui les constituent civilement l'un envers l'autre, dans un état personnel, permanent et irrévocable dont les effets sont fixés par le Code.

3.

L'adoption est donc un droit purement civil, et l'étranger ne peut être adopté, à moins qu'un traité passé entre la France et la nation dont il fait partie l'y ait autorisé.

C'est un droit qui subroge l'adopté à tous les droits de l'adoptant, tant civils que politiques. Par là l'étranger adopté acquérerait donc tous les droits attachés à la qualité de citoyen français, qualité que lui donnerait la seule volonté de l'adoptant ; ce qui est contraire à nos lois qui disent formellement que la qualité de Français ne peut être accordée que par le gouvernement.

En vain opposerait-on à l'appui du système qui tend à admettre l'adoption d'un étranger, un argument tiré par induction de l'article du Code qui dit : « *Que la femme étrangère deviendra Française, par cela seul qu'elle a épousé un Français.* » D'abord la loi n'accorde aux femmes aucuns droits politiques; en second lieu, il fallait bien fixer leur état qui devenait trop précaire, si, perdant leurs droits de citoyens dans leur pays, elles ne les acquéraient pas dans celui où elles venaient se fixer irrévocablement. D'ailleurs la loi est formelle sur ce sujet ; c'est une faveur qu'il fallait accorder à une institution aussi importante que le mariage, et qu'il n'était pas nécessaire d'accorder à l'adoption qui ne réclame pas le même intérêt.

Mais un Français pourra-t-il être adopté par un étranger ? Je crois pouvoir soutenir l'affirmative; car, restant toujours dans sa famille naturelle, l'adopté y conservera toujours tous ses droits, et l'adoption ne sera pour lui qu'un moyen de rendre sa position plus confortable. Dès-lors la loi n'a pas pu vouloir nuire à ses intérêts, en lui interdisant de se donner en adoption à un étranger.

Après être entré dans l'examen des conditions requises, tant de la part de l'adoptant que de celle de l'adopté pour la validité de l'adoption, je vais entrer dans l'examen des effets qu'elle produit à l'égard des parties contractantes; et d'abord, je crois qu'il n'est pas inutile d'établir ici que l'adoption doit être irrévocable de sa nature. Si le Code ne dit rien de formel à ce sujet, nous trouvons cependant, dans la discussion du projet de loi, que telle a été la volonté du législateur. Contrat par sa nature, l'on voit, au premier coup d'œil, que l'adoption ne peut point être rompue par la volonté de l'une des parties contractantes; mais pourra-t-elle l'être par la volonté simultanée des deux parties? Pas davantage, car l'adoption avait déjà été déclarée irrévocable dans le premier projet de loi qui tendait à admettre l'adoption des mineurs. A plus forte raison doit-elle le devenir dans le nouveau système où le contrat s'opère par le consentement réciproque des deux parties. D'ailleurs, comment rapprocher ces termes d'adoption et de révocabilité? L'adoption, quoique n'étant qu'une fiction, doit cependant imiter la nature, et comme l'on ne pourrait rapprocher les mots de paternité et de révocabilité, ceux de révocabilité et d'adoption doivent également ne pouvoir se rapprocher. Elle cesserait d'être un lien qui doit unir le père et le fils, s'ils pouvaient devenir étrangers l'un à l'autre. Ainsi l'adoption doit être irrévocable, puisqu'elle donne les noms de père et de fils, qu'elle fait entrer l'adopté dans la famille du père adoptif (348 du Code civ.). Mais l'adopté n'en reste pas moins sous la puissance de ses père et mère naturels, qui conservent seuls le droit d'exercer cette puissance (348 du Code civ.).

Il fut d'abord question, comme nous l'avons vu, de faire sortir tout-à-fait l'adopté de sa famille naturelle; mais, comment rompre des liens aussi sacrés que ceux formés par la nature et conférer au père adoptif tous les droits de la paternité? On a senti que ce serait donner trop de préférence au père adoptif au préjudice du père naturel, et il fut décidé que les pères et mères conserveraient sur leurs enfans donnés en adoption tous les droits que la loi leur accorde sur les majeurs.

Cependant, comme je l'ai déjà dit plus haut, l'adopté prend le nom de l'adoptant qu'il ajoute au sien, et dès ce moment il s'éta-

blit entre eux une paternité et une filiation fictives qui ont été
assujéties aux mêmes règles que la paternité et la filiation natu-
relles, et il a paru convenable aux règles de la matière que nous
traitons, et surtout de la morale, de prohiber le mariage entre
l'adoptant et l'adopté, entre l'adopté et les enfans qui pourraient
survenir à l'adoptant; en cas de veuvage, entre l'adopté et le conjoint survivant de l'adoptant, et enfin entre les enfans adoptifs
d'un même individu (348 du Code civ.). Car, comment supposer
que les noms de père, de mère, de frère ou de sœur puissent être
remplacés par ceux d'époux ou d'épouse? La possibilité de former
plus tard une union légitime aurait bien pu conduire à des liaisons criminelles, et il était du devoir du législateur d'empêcher
qu'une institution aussi belle que celle de l'adoption pût donner
lieu à des actions et à des liaisons contraires à la morale et à la
vertu.

De ce que le mariage est prohibé entre les enfans adoptifs d'un
même individu, il résulte que le même père peut adopter plusieurs enfans. Il ne faut pas, en effet, qu'un enfant adoptif ait
plus de faveur qu'un enfant légitime, qui est dans le cas d'avoir
des frères et des sœurs. La similitude est exacte, puisque l'adoption doit autant que possible imiter la nature. D'ailleurs la mul-
tiplicité d'enfans est un moyen d'adoucir l'irrévocabilité de l'a-
doption, surtout si celui qui a été adopté se rendait par sa conduite indigne du bienfait de l'adoption. Enfin, de nouvelles adoptions ne pouvaient être regardées comme faites en fraude de la
première, puisqu'étant permises, l'adopté a pu les prévoir.

L'adopté entre donc dans la famille de son père adoptif; il en
devient un membre; de là naissent une infinité de droits et de
devoirs réciproques dont je vais m'occuper successivement.

D'abord comme fils et comme père, l'adopté et l'adoptant con-
tractent l'obligation réciproque de se fournir des alimens. Cette
obligation donne une nouvelle force au lien qui se forme entre

l'adoptant et l'adopté. L'adoptant y est obligé par une conséquence nécessaire de ses premiers bienfaits; l'adopté y est soumis par la reconnaissance qu'il doit à son bienfaiteur, et qu'il doit lui témoigner dans le cas où, par des revers de fortune ou d'autres malheurs, il vienne à être privé de toutes ressources. Tous deux, enfin, y sont obligés par les doux noms de père et de fils qu'ils tiennent tant de leur affection que de la loi.

Mais cette obligation réciproque imposée à l'adoptant et à l'adopté n'empêche pas celle préexistante entre ce dernier et ses père et mère naturels (349 du Cod. civ.). Seulement il faut observer que, dans le premier cas, l'obligation ne naît que de la seule volonté de la loi, tandis que, dans le second cas, elle est commandée et par la loi et par la nature.

En entrant dans la famille de son père adoptif, l'adopté doit naturellement jouir de tous les droits que lui donne le titre de fils qu'il vient de prendre, et venir, en cette qualité, à la succession directe de son père adoptif; mais il n'acquiert pour cela aucun droit à la succession des parens de l'adoptant auxquels il reste tout-à-fait étranger. Il ne pouvait en être autrement; comment, en effet, supposer qu'un homme puisse, par l'effet de sa seule volonté, faire entrer un étranger dans une famille et lui imposer par là la loi de disposer en faveur de ce dernier de tous ses biens et de toute sa fortune?

Dans le principe on avait proposé d'introduire cette disposition dans le Code, et, pour en adoucir la bizarrerie, on avait attribué aux parens la faculté d'exclure par testament de leur succession l'individu entré dans leur famille par adoption. Mais ce système fut rejeté, car il pouvait souvent arriver que les collatéraux vinssent à mourir sans avoir pu faire de testament, et il fut décidé que les effets de l'adoption ne s'étendraient que du père adoptif au fils adoptif, qui acquiert sur la succession du premier les mêmes droits qu'un enfant légitime (350 du Code civ.).

Ces droits diminuent, mais ne changent pas, lorsque l'adoptant s'étant marié depuis l'adoption, il lui survient des enfans; l'adopté concourt avec eux à la succession; ce qui prouve évidemment que l'existence d'enfans est un empêchement à l'adoption; celle-ci cependant, une fois consommée, ne peut pas être rompue par la survivance d'enfans légitimes.

On s'est demandé s'il était juste de faire concourir le fils adoptif avec les enfans naturels légitimes nés postérieurement. Mais on a bientôt reconnu que tout ce qui tient à l'état des hommes doit être immuable et indépendant des événemens postérieurs; on a senti combien serait déplorable et malheureuse la condition du fils adoptif, que la survenance d'enfans nés dans le mariage dépouillerait d'un nom que la loi lui avait donné et frustrerait de toutes les espérances qu'il avait conçues. D'ailleurs l'adoption forme un contrat irrévocable qui ne peut plus être changé dans ses conditions ni détruit dans son ensemble.

Mais l'enfant adoptif aura-t-il une réserve sur les biens de l'adoptant? L'art. 913 du Code civil qui fixe la quotité de biens disponibles ne parle pas des enfans adoptifs; mais l'art. 350 dit clairement qu'ils ont les mêmes droits que les enfans légitimes. Ainsi, de même que les derniers ont droit à une réserve sur les biens de leur auteur, de même l'adopté qui leur est assimilé en tout, en aura une sur les biens de son père adoptif. Par conséquent, comme par les art. 920 et suivans, l'enfant légitime peut faire réduire les donations qui portent atteinte à sa réserve, à quelque époque d'ailleurs que ces libéralités aient été faites, de même l'adopté, à qui ce droit est commun, peut l'exercer sur toutes les donations faites, au préjudice de sa réserve, postérieurement à son adoption.

Mais *quid* de celles faites antérieurement? Je ne vois pas de raison qui pourrait lui en donner le droit, car au fait ces libéralités avaient eu lieu avant que la qualité de fils ne lui fût conférée par adoption.

Mais, dans le cas contraire à celui dont je viens de parler, c'està-dire si l'adoptant survit à l'adopté décédé sans enfans légitimes, comment s'opérera le partage des biens de l'adopté, et à qui sera dévolu sa succession ?

Puisque, d'après notre système de législation, l'adopté ne sort pas de sa famille naturelle, il était impossible d'admettre l'adoptant à la succession de son enfant adoptif; car les héritiers légitimes de ce dernier restaient toujours les mêmes qu'avant l'adoption, et comme il vient à leur succession, ils doivent aussi arriver à la sienne. En vain objectera-t-on que l'adoptant laisse ses biens à l'adopté, et que, par conséquent il doit aussi hériter de lui. Mais l'adoption n'est-elle pas un bienfait ? Elle ne doit donc pas être pour l'adoptant une spéculation, un moyen de s'enrichir; ce qui pourrait arriver si l'adoptant pouvait concevoir l'espérance de concourir à la succession de son fils adoptif.

Mais comme il ne serait pas juste que les choses données par l'adoptant passassent dans la famille de l'adopté en cas de prédécès de ce dernier, il a été établi en faveur de l'adoptant un droit de retour, qui consiste de sa part à reprendre les choses par lui données à l'adopté lorsqu'elles se retrouveront en nature dans sa succession. Rien de plus juste que ce retour, car si les parens de l'adopté succèdent à celui-ci par le principe qu'il est resté dans la famille, leurs droits ne peuvent point s'étendre aux choses données par l'adoptant. Si l'affection de l'adoptant pour l'adopté a pu le porter à se dessaisir en sa faveur, il n'est pas présumable qu'il ait voulu se dépouiller, lui et sa famille naturelle, pour enrichir une famille étrangère, et ce serait l'accabler, s'il avait en même temps à gémir sur la perte de l'objet de son affection et à déplorer celle de ses biens. Ce droit de retour est transmissible aux descendans légitimes de l'adoptant nés après l'adoption; mais ses autres parens ne pourront jamais l'exercer (351 du Code civ.).

Il faut aussi observer que la loi ne l'a autorisé qu'à reprendre les choses qui se trouveraient en nature dans la succession de l'a-

4

dopté; ainsi il n'aura aucun droit de reprise, ni sur le prix des immeubles ou des meubles qui auraient été vendus, encore que le prix n'en eût point été payé, ou que l'aliénation pût encore se résoudre. Les charges de ce droit de retour consistent dans l'obligation de concourir au paiement des dettes, et si, par conséquent, il entre dans la succession pour le tiers, la moitié ou le quart, il paiera le tiers, la moitié ou le quart des dettes.

Ces reprises ne pourront également être exercées que sans préjudice des droits des tiers (351 du Code civ.). Ainsi ceux qui auront des droits acquis sur les biens sujets au droit de retour, les conserveraient toujours. Tels sont ceux qui les auraient achetés, loués, ou qui en auraient l'usufruit; ils ne pourront jamais être évincés.

Quant au surplus des biens de l'adopté, ils retourneront de droit à ses héritiers naturels qui excluront toujours, même pour les objets spécifiés ci-dessus, tous les héritiers de l'adoptant, autres que ses descendans (351 du Code civ.).

Il est de toute évidence que les biens qui ne proviennent pas du chef de l'adoptant ne peuvent être dévolus à sa famille qui, dans ce cas, se trouverait investie de droits que la loi n'a jamais voulu lui donner; d'ailleurs, dans toute succession d'un enfant adoptif, il faut distinguer deux sortes de biens: ceux provenant de sa famille naturelle et qui y retourneront, et ceux provenant de son père adoptif, et qui, existant encore, ne retourneront aux héritiers directs de ce dernier que dans le cas où ils seraient ses descendans, condition sans laquelle tous ses biens sont dévolus à sa famille naturelle. Je terminerai ici la première partie de mon sujet, en rapportant textuellement l'art. 352, qui ne me paraît susceptible d'aucun développement.

Art. 352: « Si, du vivant de l'adoptant et après le décès de l'adopté, les enfans ou descendans laissés par celui-ci mouraient eux-mêmes sans postérité, l'adoptant succédera aux choses par lui données, comme il est dit en l'article précédent; mais ce droit sera inhérent à la personne de l'adoptant, et non transmissible à ses héritiers, même en ligne descendante. "

SECONDE SECTION.

DES FORMES DE L'ADOPTION.

Dans le principe, lorsque l'adoption fut admise comme institution qui devait être revêtue de la sanction de l'autorité publique, on a long-temps débattu la question de savoir si cette sanction devait émaner du corps législatif ou des tribunaux. Mais il fut bientôt démontré que c'était à ces derniers que devait être dévolue l'homologation des actes d'adoption; car le recours au corps législatif eût évidemment entraîné trop de lenteurs, d'embarras et de dépense et l'adoption serait, par là même, devenue presque impossible à un grand nombre de citoyens que l'on aurait alors, pour ainsi dire, mis hors la loi. D'ailleurs, lorsque la loi a posé des règles et que l'application en est dévolue aux magistrats ordinaires, il existe une garantie civile qui cesserait d'exister si le pouvoir politique s'emparait lui-même de leur application; car, dans tous les actes, l'on verrait toujours paraître l'esprit de parti qui peut léser l'une des parties qui a recours à lui, et alors comment faire redresser les torts et les griefs que l'on peut avoir contre lui? Toutes ces considérations ont fait attribuer au pouvoir judiciaire la sanction des actes d'adoptions.

Ainsi la personne qui voudra adopter et celle qui voudra se faire adopter devront se présenter ensemble devant le juge de paix du domicile de l'adoptant pour y passer acte de leur consentement respectif (353 du Code civ.). Après avoir passé l'acte, les deux contractans seront déjà liés; le contrat est parfait par leur

4.

seule signature, et ils ne pourront plus le rompre, à moins cependant qu'ils ne le fassent d'un commun consentement. Car
alors la société n'est point encore intervenue et n'a point encore
imprimé à cet acte ce cachet solennel qui le rend irrévocable,
et ce n'est encore qu'un simple contrat qui rentre dans les règles
ordinaires.

Aussitôt que l'acte sera passé, le juge de paix en remettra copie
aux deux parties qui la transmettront au procureur du roi près
le tribunal de première instance de l'arrondissement du domicile
de l'adoptant. Mais cet acte devra lui être envoyé dans les dix
jours suivans, soit par les deux parties, soit par la partie la plus
diligente. On n'a pas exigé que cet envoi fût fait par les deux
simultanément, car l'adoption, étant un contrat, ne peut être
rompue par la volonté de l'un des contractans; il suffit donc que
celui qui veut en maintenir les effets en poursuive l'homologation,
et il devra le faire dans les dix jours suivans, car si les parties
laissaient écouler ce terme sans l'avoir fait, elles seraient censées
avoir renoncé tacitement à l'adoption, et il faudrait un nouvel
acte passé pardevant le juge de paix pour pouvoir la faire homologuer.

Le procureur du roi devra soumettre l'acte à l'homologation
du tribunal (354 du Code civ.) qui se réunira dans la chambre
du conseil (355 du Code civ.), et non dans la salle des audiences
publiques, parce que toute l'information de l'affaire doit être
secrète; et pouvait-il en être autrement? L'acte d'adoption doit
nécessiter des recherches sur la conduite et la moralité de l'adoptant. Ces recherches rentrent dans l'intérieur de la vie domestique
et doivent par conséquent rester cachées à tous les yeux.

Lorsque le tribunal aura pris toutes les informations, tous
les renseignemens convenables, il vérifiera si toutes les conditions
voulues par la loi ont été remplies, et si la personne qui se propose d'adopter jouit d'une bonne réputation (355 du Code civ.).

Mais ce ne sera pas judiciairement, en appelant des témoins, que le tribunal devra se procurer ces renseignemens. C'est dans la société qu'il devra les chercher, c'est en interrogeant tous ceux qui connaissent particulièrement, qui fréquentent d'habitude celui qui se propose d'adopter, qu'ils pourront parvenir à obtenir sur sa conduite et sur ses mœurs des renseignemens sûrs et certains, qu'ils ne pourront jamais obtenir aussi exactement par des témoins dûment appelés à cet effet; ce qui d'ailleurs serait contre le vœu de la loi qui ordonne que la procédure reste secrète.

Cette formalité à remplir, celle de s'informer si l'individu qui se propose d'adopter est un honnête homme, annoblit encore l'adoption, car tout individu qui craindrait les regards de la justice, ne se présenterait pas pour adopter devant les tribunaux qui le repousseraient; tandis que, par la seule homologation du tribunal, l'adoptant acquiert un cachet de moralité et de vertu d'autant plus beau, qu'il doit être accordé par des hommes auxquels la loi recommande une juste sévérité, cachet qui imprime sur son front, en caractères ineffaçables, ces mots: *C'est un homme vertueux.*

Lorsque le tribunal aura pris tous les renseignemens convenables pour éclairer sa conscience, et qu'il aura entendu le procureur du roi, qui doit examiner l'acte et donner son avis (356 du Code civ.), parce que la société est intéressée dans les adoptions qui portent changement dans l'état civil des citoyens, il prononcera le jugement sans aucune autre forme de procédure, et sans énoncer de motifs en ces termes: *Il y a lieu ou il n'y a pas lieu à l'adoption* (356 du Code civ.).

Le tribunal ne devra jamais énoncer les motifs, parce qu'il est inutile de nuire à la réputation publique de l'adoptant; car si la loi exige que les juges prennent des informations exactes et sévères sur la vie et les mœurs des personnes qui se proposent d'adopter, c'est uniquement pour s'assurer si la moralité et la vertu de ceux qu'elles voudraient adopter ne se trouveraient pas en danger; et une fois que cet écueil est évité, elle n'a pas voulu aller plus loin et nuire encore à des individus dont la conduite, sans être tout-à-fait irréprochable, ne mérite cependant pas d'être flétrie par la main de la justice; ce qui ne manquerait pas d'arriver si le jugement était public, et surtout s'il fallait énoncer les motifs qui ont fait rejeter l'adoption.

La loi n'a cru pouvoir entourer d'assez de précautions une institution comme l'adoption, et elle a voulu qu'après avoir obtenu l'homologation des tribunaux de première instance, les parties soumissent encore le jugement à la cour royale; ce qui devra être fait dans le mois qui suivra le jugement, par la partie la plus diligente (357 du Code civ.). Je ferai ici la même remarque que j'ai déjà faite plus haut: c'est que si les parties ne soumettent pas leur acte d'adoption à la cour royale dans le mois qui suit le jugement du tribunal de première instance, elles seront censées avoir renoncé à l'adoption. Car toutes les conditions qui constituent son irrévocabilité n'étant point encore remplies, elle reste nécessairement dans la classe des contrats ordinaires, imparfaits.

La cour royale, après avoir examiné les pièces, prononcera à l'audience, sans énoncer de motifs: *Le jugement est confirmé ou le jugement est réformé; en conséquence, il y a lieu ou il n'y a pas lieu à l'adoption* (357 du Code civ.).

Mais cela ne suffit pas encore pour consommer l'adoption, et l'arrêt qui la confirme devra être affiché en tels lieux et en tel nombre d'exemplaires que le tribunal jugera convenable (358 du Code civ.), parce que dès que l'adoption est admise définitivement, loin de la cacher, il faut la faire connaître à la société. Voilà pourquoi la loi a voulu que l'arrêt fût public et que des affiches fussent apposées.

Mais ici se présente une question, c'est de savoir si l'on pourrait se pourvoir en cassation contre l'arrêt de la Cour royale. La Cour de cassation (et il faut ici la considérer dans le but dans lequel elle a été instituée), ne l'a été que pour casser les arrêts qui auraient violé la loi, et la loi n'a jamais été violée par les juges lorsqu'ils ont rejeté une adoption. Car ils ont sur ce sujet un pouvoir discrétionnaire, puisqu'ils ne doivent même pas énoncer les motifs qui leur ont dicté le rejet. Il en est différemment de l'arrêt qui a admis une adoption. Il peut avoir violé la loi, par exemple, si l'adoptant n'a pas cinquante ans, si l'adopté est mineur, si le tribunal qui a prononcé l'adoption n'était pas celui du domicile de l'adoptant. Il est évident que, dans ces cas, il y a eu violation de la loi et l'arrêt de la Cour royale peut être attaqué en cassation.

Mais lors même que toutes ces formalités ont été remplies, leur accomplissement ne suffit pas encore pour la validité de l'adoption. Dans les trois mois qui suivront le jugement, l'adoption sera inscrite, à la réquisition de l'une ou de l'autre des parties, sur les registres de l'état civil du lieu où sera domicilié l'adoptant. Cette inscription n'aura lieu que sur le vu d'une expédition en forme du jugement de la Cour royale, et l'adoption restera sans effet si elle n'a été inscrite dans ce délai (559 du Code civ.).

Après l'inscription sur les registres de l'état civil, l'adoption devient irrévocable. Les parties ne peuvent plus abdiquer les qualités de père et de fils adoptifs que la loi leur a données et confirmées par le ministère de l'autorité judiciaire. Mais si l'inscription sur le registre de l'état civil est nécessaire pour consommer l'adoption, le contrat passé devant le juge de paix n'en confère pas moins un droit irrévocable, qui ne peut plus être enlevé à l'une des parties, sans son consentement spécial, par quelque événement que ce soit. La mort même de l'adoptant, arrivée depuis que ce contrat a été présenté aux tribunaux et avant que ceux-ci aient définitivement prononcé, n'empêche pas l'instruction d'être continuée (360 du Code civ.). Mais il ne faut pas conclure de là que l'acte doit avoir au moins été porté devant le tribunal de première instance; car, dès que la volonté de former le contrat est constatée par l'acte passé devant le juge de paix, la circonstance qu'il ait ou non été porté devant les tribunaux est indifférente, et l'adoption sera admise s'il y a lieu.

Les héritiers de l'adoptant pourront seulement remettre au procureur du roi des mémoires et des observations, s'ils croient avoir des motifs pour la faire rejeter (360 du Code civ.).

Il ne me reste que quelques mots à dire sur l'adoption testamentaire, qui n'est soumise à aucune autre forme qu'à celle des testamens ordinaires; il n'est nécessaire ni de la faire homologuer par les tribunaux, ni de l'inscrire sur les registres de l'état civil, mais elle n'est valable qu'autant que le tuteur officieux ne laisse pas d'enfans.

JUS ROMANUM.

DE ADOPTIONIBUS.

I. Adoptio est actus legitimus, quo in locum filii aut nepotis, qui natura talis non est, assumitur.

II. Duorum vero generum sunt adoptiones, aliæ adrogationes, aliæ adoptiones strictiore sensu in specie sic dictæ.

III. Adrogatio vel arrogatio, est hominis qui sui juris est in filium assumptio. Antiquissima fuisse videtur adrogatio, non ab interrogatione patris et filii sic dicta, sed à rogatione ad populum, in comitiis collatum lata.

IV. Postea vero cum populus suam perdidisset auctoritatem, lege regia principi collatam, per rescriptum principis fiebant arrogationes.

V. Ita vero in comitus persequebatur solemnis rogatio: *Vellitis, jubeatis, quirites, uti N..N.. tam jure legeque siet, quam si ex ab patre matreque familias ejus, natus esset; uti que in vitæ necisque ex eo potestas siet, hæc ita uti dixi, ita vos, Quirites, rogo.* Hinc annuente populo, perfecta erat adrogatio.

VI. Adoptio in specie sic dicta, est hominis, qui in potestate patris familias est, in filium assumptio. Duplex vero erat : plena seu perfecta, quæ ab uno ex ascendentibus fiebat. Minus plena seu imperfecta, quæ ab alio extraneo.

VII. Adoptio autem per æs et libram peragebatur, præsente vel prætore, vel quocumque magistratû apud quem erat legis actio. Ritus autem adoptandi consistebat in trina venditione, præsentibus patre naturali et adoptivo, filioque adoptando nec non libripende, autestato et testibus.

VIII. Quibusdam verbis solemnibus, primo pater naturalis filium patri adoptivo ita mancipabat. *Mancupo tibi hunc filium, qui meus est.* Tum pater adoptivus æs tenens, simulque adpræ hendens filium adoptivum dicebat: *Hunc ego hominem, jure quiritum, meum esse aio, isque mihi emptus est hoc ære, hâc æneaque libra.* Tunc ære percutiebat libram, illud que æs dabat patri naturali quasi prætii loco; quædam ter erat repetenda mancipatio; tùm perfecta erat adoptio.

IX. Omnes fere vel adoptionis vel arrogationis conditiones, ab eo oriuntur principio, quo adoptio naturam imitari debet. Adoptio enim in his personis locum habet in quibuscumque natura habere potest.

.X. Adoptio in specie sic dicta consensum adoptandi et patris adoptivi naturalisque riquiritur; arrogatio consensum arrogatoris et arrogati; et si minor esset vigenti et quinque annis arrogaturus, nec non tutoris vel curatoris consensum deesse deberet.

XI. Pater vero adoptivus adoptivum filium decem et octo annis præcedere debet; naturam enim imitari debet adoptio; et pro monstro est, ut major natu sit filius quam pater.

XII. Adoptio in specie sic dicta, cum ea extitit ætatis differentia semper est admissa, quæcumque sit patris adoptivi vel filii ætas. Ad arrogationem sexagenarius debet esse arrogator, si junior quasi melius esset, illum ad justas nuptias convolare, et filios legitimos procreare.

XIII. Nec adoptare possunt qui perpetuo generationis sunt incapaces, castrati scilicet. Qui vero propter vitium aliquod sanabile, generare non possunt, quales sunt spadones, adoptare justum esse videtur: quia spes est fore ut, vitio sublato, possint aliquando generationis capacitate lætari.

XIV. Sui juris debet esse adoptivus pater: nam si alius potestati subjiceretur, non adoptivos filios habere posset. Et filios tamen adoptivos filii familias habent, uti cum eorum consensu paterfamilias pronepotes adoptat; præterito autem patrefamilias pronepotes ejus, filii familias auctoritati subjiciuntur. Permissa est pronepotis adoptio, et cui filium non habet.

XV. Feminæ non poterant olim adoptare, quia patriam potestatem tribuebat adoptio. Mulieribus autem patria potestas non competebat. Imperatorum indulgentia postea adoptare potuerunt ad solatium liberorum in acie amissorum, et ut hæredem habere possint. Non vero eis patriam potestatem tribuit adoptio.

XVI. Nec non adoptare possunt qui legitimos filios habent. Factum est ut non solum majores, sed et minores, non solum masculi, sed et feminæ adoptarentur. Nempeque filios suos legitimos adoptare potest paterfamilias, cum præterea mancupatione familiâ exebantur.

XVII. Et cum paterfamilias servum suum adoptaverit, libertatem ei conferre voluisse videbitur.

XVIII. Nemo à pluribus adoptari potest; nam nemini plures

possunt esse patres. Sed cum pater adoptivus filium suum adoptivum emancipaverit, et filius ab alio adoptari poterit.

XIX. Ad arrogationem impuberis requiritur, ut de causâ arrogationis cognoscatur; caveatque arrogator, si intra pubertatem decesserit arrogatus, restiturum se omnia illius bona, iis ad quos alias fuissent perventura.

XX. Arrogatus iterum emancipari potest ab arrogatore, ut tamen, si ex justa causa id fiat, sua bona ei restituantur; sin sine justa causa, quarta bonorum arrogatoris *Divi Pii dicta*, ei relinquatur.

XXI. Et adrogatus adoptionem infirmare potest. Si magistratui demonstrare potest adoptionem suis commodis nocere.

XXII. Arrogati tam lege quam jure erant filii ejus qui eos adoptaverat, ac si ex eo patre matreque familias ejus essent nati. Arrogati fiebant agnati ratione familiæ adoptantis; quare adoptionem sequebatur hæreditas nominis, pecuniæ, sacrorum. Hinc non poterat filius adoptivus filias nec uxorem, nec nurum patris adoptivi, in justas ducere nuptias.

XVIII. Justinianus vero, veterem ritum adoptionis turbavit, jubens ut adoptatus ab alio quam ab ascendente, non transiret in alienam familiam et potestatem, et jus succedendi ab intestatu consequeretur.

PROCÉDURE CIVILE.

DES ARBITRAGES.

1. L'arbitrage est volontaire ou forcé.

2. L'arbitrage volontaire est celui qui a lieu quand les parties pour la décision des difficultés qui se sont ou pourront s'élever entre elles, se sont soumises au jugement d'arbitres.

3. L'arbitrage forcé est celui ordonné par la loi et a lieu pour la décision des difficultés mues entre associés en matière commerciale.

4. L'acte par lequel les parties se soumettent au jugement d'arbitres, s'appelle compromis.

5. Le compromis étant une convention, il s'en suit que pour pouvoir compromettre, il faut avoir la capacité de pouvoir contracter.

6. Le compromis lie les parties et leurs héritiers majeurs: de là, la conséquence que la mort d'une des parties, délaissant des héritiers mineurs, met fin au compromis.

7. Les formes du compromis dépendent de la volonté des parties. Mais s'il est fait sous seing-privé, il doit être fait en autant d'originaux qu'il y a de parties contractantes.

8. La durée du compromis est légale ou conventionnelle. Les parties peuvent dans la convention fixer tel délai qui leur convient, pendant lequel les arbitres devront juger. Si elles n'en ont pas fixé, ce délai est légalement de trois mois.

9. La mission des arbitres est purement volontaire; cependant, une fois qu'ils l'ont acceptée et qu'ils ont commencé leurs opérations, ils ne peuvent plus s'en déporter.

10. La procédure devant les arbitres est entièrement volontaire et n'est soumise à aucune forme spéciale. Seulement les productions des pièces et défenses doivent avoir lieu dans les délais fixés.

11. De ce que les arbitres ne peuvent point juger les incidens criminels et les inscriptions de faux même purement civils, il s'en suit qu'ils peuvent connaître de tous les autres incidens, même de vérification d'écriture.

12. Les jugemens rendus par les arbitres, même préparatoires ou interlocutoires, devront être rendus exécutoires par ordonnance du président du tribunal, devant lequel la contestation aurait été portée, s'il n'y avait point eu d'arbitrage.

13. Les jugemens arbitraux, qui sont définitifs, emportent hypothèque.

14. Le délai pour l'appel des jugemens arbitraux est le même que celui pour l'appel des jugemens contradictoires ordinaires.

15. Un jugement arbitral, qui aurait statué sur l'appel d'un autre jugement, n'est point appellable.

16. La mission des arbitres étant purement volontaire ou un mandat qu'ils ont accepté des parties qui les ont nommés, ils ne pourront réclamer d'honoraires et n'ont aucune action pour s'en faire payer.

DROIT COMMERCIAL.

DES DROITS DES CRÉANCIERS HYPOTHÉCAIRES

SUR LES BIENS DU FAILLI.

Le principe proclamé par l'art. 2095 du Code civil, que « les biens du débiteur sont le gage commun de ses créanciers, « et le prix s'en distribue entre eux par contribution, à moins

« qu'il n'y ait entre les créanciers des causes légitimes de préfé-
« rence, » reçoit son application dans toute son étendue en matière
de faillite. En effet, la faillite est un événement désastreux et
pour le débiteur de bonne foi et pour ceux qui lui ont confié
une partie de leur fortune. Ce désastre doit donc être supporté
en commun par ces derniers, qui se partagent les débris de la
fortune du failli, et il ne saurait y avoir aucune préférence
entre eux, à moins qu'elle ne résulte d'une disposition expresse
de la loi, ou de la nature même de la créance. Dans ce dernier
cas se trouvent ceux des créanciers ayant privilége ou hypothèque sur les biens du failli. Il ne pouvait en être autrement,
le législateur ayant déjà statué par l'article ci - dessus cité qu'il
pouvait y avoir des causes légitimes de préférence, et ces causes,
étant les priviléges et les hypothèques, ceux dont la nature de
la créance était privilégiée ou hypothécaire devaient nécessairement être préférés aux créanciers chirographaires, parce que ceux-
ci, ayant pu se convaincre de l'existence des premières créances,
ont dû, d'après cette certitude, apprécier le plus ou moins de
confiance que méritait celui auquel ils confiaient leurs capitaux.

Je ne me propose pas de donner une grande étendue à ce que
j'ai à dire sur cette partie de ma thèse; je ne ferai qu'examiner
quelques questions qui me paraissent résulter de la matière, ne
voulant pas d'ailleurs m'étendre trop longuement sur un point
de notre législation qui va être totalement révisé.

L'art. 443 du Code de commerce dit « que nul ne peut acquérir
« privilége ni hypothèque sur les biens du failli, dans les dix jours
« qui précéderont l'ouverture de la faillite. » Doit-on entendre par
ces dispositions la *constitution d'hypothèque* ou bien *l'inscription
prise pour sa conservation ?*

Selon un arrêt de la Cour de cassation du 15 décembre 1809,
l'hypothèque existante antérieurement aux dix jours pouvait être
valablement inscrite pendant ce temps, et ainsi faire acquérir au

créancier une cause de préférence. M. Delvincourt s'élève contre
ce principe et décide que l'inscription est nulle, et que par conséquent le créancier, quoique hypothécaire, ne peut être considéré que comme chirographaire; cette doctrine a été confirmée
par un arrêt de rejet du 11 juin 1817.

J'adopte cette dernière opinion, par la raison que la publicité
est la base fondamentale de notre système hypothécaire, que
par conséquent toute clandestinité doit être repoussée et ne saurait produire d'effet, et c'est ce qui aurait lieu si un créancier
pouvait conserver un droit hypothécaire sans le rendre public
par l'inscription. Du reste, l'art. 2146 du Code civil est formel.

Quid du renouvellement d'une ancienne inscription qui serait
fait dans le délai des dix jours qui précèdent la faillite? Produit-il
effet?

Le renouvellement n'ayant pour but que la conservation de la
première hypothèque, il n'y a nul doute que ce renouvellement
peut être fait dans ce délai.

Quel est l'effet des hypothèques existantes indépendamment de
l'inscription?

Je ne parlerai pas de l'hypothèque existante au profit des femmes
sur les biens de leurs maris. Leurs droits en matière de faillite sont
réglés par des dispositions particulières. Mais c'est de l'hypothèque
légale des mineurs dont je veux parler, et je crois qu'ils ne doivent
pas jouir de plus de faveur que les autres créanciers, sauf leur
recours sur les biens de leur subrogé tuteur.

Les droits des créanciers hypothécaires reconnus, ils sont payés
ou concurremment avec les chirographaires ou bien séparément, et
à l'exclusion de ces derniers.

Les hypothécaires concourent avec les chirographaires, lorsque
la masse mobiliaire a été réalisée d'abord et qu'il se trouve avoir
lieu à une répartition de deniers; alors ils sont payés au *prorata*
de leurs créances comme les autres créanciers (art. 540 du Code

de com.). Si avant que la masse mobiliaire soit réalisée, il a été procédé à la vente et à la réalisation des immeubles, les créanciers hypothécaires concourent seuls entre eux, d'après la date de leurs hypothèques; et celui qui ne serait pas entièrement payé serait considéré pour le reste de sa créance comme purement et simplement chirographaire.

Mais en payant ces créanciers, on leur retient sur le montant de leur collocation les sommes qu'ils auront touchées sur la masse mobiliaire et on les reverse dans la masse chirographaire.

Il pourrait arriver qu'un créancier eût d'abord été compris pour toute sa créance dans la contribution mobiliaire, antérieurement à l'ordre et à la distribution du prix des immeubles et qu'il ne pût toucher que partie du montant de sa créance dans le prix de ces immeubles, à cause de son insuffisance; alors ses droits dans la masse chirographaire sont réglés d'après les sommes dont il resterait créancier, déduction faite de ce qu'il a reçu du prix des immeubles.

En conséquence, les deniers qu'il aura touchés dans la distribution mobiliaire et qui excèdent le dividende qu'aurait dû obtenir la partie de sa créance non payée sur les prix des immeubles, doivent lui être retenus sur le montant de sa collocation hypothécaire et reversés dans la masse chirographaire. (Code de com., art. 542 et 539).

Je bornerai ici ce que j'ai à dire sur cette partie de ma thèse; j'aurais peut-être pu traiter encore d'autres questions, mais cela m'aurait conduit trop loin, surtout puisque le projet de loi sur les faillites, qui doit être incessamment présenté aux chambres, viendra renverser les lois existantes actuellement sur la matière que j'ai traitée.

FIN.

www.ingramcontent.com/pod-product-compliance
Lightning Source LLC
Chambersburg PA
CBHW071413200326
41520CB00014B/3418